Para Los Niños

Palabras de amor e inspiración
de Su Santidad el Papa Juan Pablo II

Scholastic Press

Callaway

2000

Saludo

 s saludo de todo corazón
y os digo que es muy grande la alegría
que me dais hoy con vuestra presencia.
Siempre se está bien con los jóvenes.

El Papa quiere a todo el mundo,
pero tiene preferencia por los jóvenes,
porque éstos tenían lugar de preferencia
en el corazón de Cristo
que deseaba estar con los niños
y departir con los jóvenes.

A los jóvenes dirigía en especial su llamamiento
y a Juan, el Apóstol más joven,
lo había hecho su predilecto.

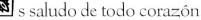

Audiencia General en la Basílica de San Pedro ante diez mil niños, Ciudad del Vaticano

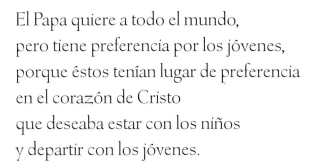

El Evangelio de los Niños

¡*Qué importante es el niño para Jesús!*

Se podría afirmar desde luego que *el Evangelio está profundamente impregnado de la verdad sobre el niño.*

Incluso podría ser leído en su conjunto como el "Evangelio del niño".

En efecto, ¿qué quiere decir: "Si no cambiáis y os hacéis como los niños, no entraréis en el Reino de los cielos"?
¿Acaso no pone Jesús al niño como modelo incluso para los adultos?

En el niño hay algo que nunca puede faltar a quien quiere entrar en el Reino de los cielos. Al cielo van los que son sencillos como los niños, los que como ellos están llenos de entrega confiada, y son ricos en bondad y puros.

Sólo éstos pueden encontrar en Dios un Padre y llegar a ser, a su vez, gracias a Jesús, hijos de Dios.

Carta del Papa a los niños, Ciudad del Vaticano

La Esperanza

reparaos a la vida
con seriedad y diligencia.

Recordad siempre que sólo si os apoyáis,
como dice San Pablo,
sobre el único fundamento
que es Jesucristo,
podréis construir algo
verdaderamente grande y duradero.

Con la vivacidad que es propia de vuestros años,
con el entusiasmo generoso
de vuestro corazón,
caminad al encuentro de Cristo.

Sólo Él constituye la solución
a todos vuestros problemas.

Sólo Él es el camino,
                la verdad
                        y la vida;

sólo Él es la verdadera salvación
del mundo;
sólo Él es la esperanza de la humanidad.

Palabras a ocho mil niños en Guadalajara, México

El Amor

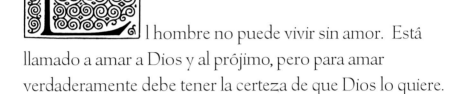

l hombre no puede vivir sin amor. Está llamado a amar a Dios y al prójimo, pero para amar verdaderamente debe tener la certeza de que Dios lo quiere.

¡Dios os ama, queridos muchachos! Quiero deciros esto. . .

Carta del Papa a los niños, Ciudad del Vaticano

a verdadera felicidad consiste en darse por amor a los hermanos.

Mensaje a los jóvenes en Camagüey, Cuba

9

El Amor

Ante todo os digo que *Jesús os ama!*
Ésta es la verdad que os anuncia
el Vicario de Cristo: ¡Jesús os ama!

Yo deseo que sean tantas las personas que
os quieran bien, y anhelo de corazón
que cada uno de vosotros esté contento,
encontrando bondad, afecto
y comprensión en todos
y por parte de todos.

Pero también debemos ser realistas. . .
Y muchas veces puede ocurrir que
se lleve en el ánimo un sentido de vacío,
de melancolía, de tristeza,
de insatisfacción.

Tal vez tengamos todo,
pero ¡falta la alegría!

Sobre todo es terrible ver
a nuestro alrededor
tanto sufrimiento,
tanta miseria,
tanta violencia.

Pues bien, precisamente en
este drama de la existencia y de la
historia humana resuena perenne
el mensaje del Evangelio:
¡Jesús os ama!
¡Jesús vino a esta tierra
para revelarnos
y garantizarnos
el amor de Dios!
Vino para amarnos
y para ser amado.

¡Dejáos amar por Cristo!

Palabras a los niños en la Iglesia
de San Basilio, Roma, Italia

La Oración

**S**i seguís el consejo de Jesús, y rezáis a Dios
constantemente, entonces aprenderéis a rezar bien.
Dios mismo os enseñará.

Reunión con los jóvenes en Nueva Orleans, Louisiana, EE.UU.

La Oración

ué enorme fuerza tiene la oración de un niño!
Llega a ser un modelo para los mismos adultos:
rezar con confianza sencilla y total quiere decir rezar
como los niños saben hacerlo.

Deseo encomendar a vuestra oración los
problemas de vuestra familia y de todas las familias del mundo.
Y no sólo esto, tengo también otras intenciones que confiaros.
El Papa espera mucho de vuestras oraciones.
Debemos rezar juntos y mucho para que la humanidad,
formada por varios miles de millones de seres humanos,
sea cada vez más la familia de Dios, y pueda vivir en paz.

He recordado al principio los terribles sufrimientos que tantos niños han
padecido en este siglo, y los que continúan sufriendo muchos de ellos
también en este momento. Cuántos mueren en estos días víctimas del odio
que se extiende por varias partes de la tierra: por ejemplo en los Balcanes y
en diversos países de África.

Meditando precisamente sobre estos hechos, que llenan de dolor nuestros
corazones, he decidido pediros a vosotros, queridos niños y muchachos,
que os encarguéis de la *oración por la paz*. Lo sabéis bien:
el amor y la concordia construyen la paz; el odio y la violencia la destruyen.

Vosotros detestáis instintivamente el odio y tendéis hacia el amor:
por esto el Papa está seguro de que no rechazaréis su petición,
sino que os uniréis a su oración por la paz
en el mundo con la misma fuerza con que
rezáis por la paz y la concordia en vuestras familias.

Carta del Papa a los niños, Ciudad del Vaticano

La Fe

Dios llama a cada hombre,
y su voz se deja sentir ya
en el alma del niño:
llama a vivir en el matrimonio o a ser sacerdote;
llama a la vida consagrada
o tal vez al trabajo en las misiones. . .
¿Quién sabe?
Rezad, queridos muchachos y muchachas,
para descubrir cuál es vuestra vocación,
para después seguirla generosamente.

Carta del Papa a los niños, Ciudad del Vaticano

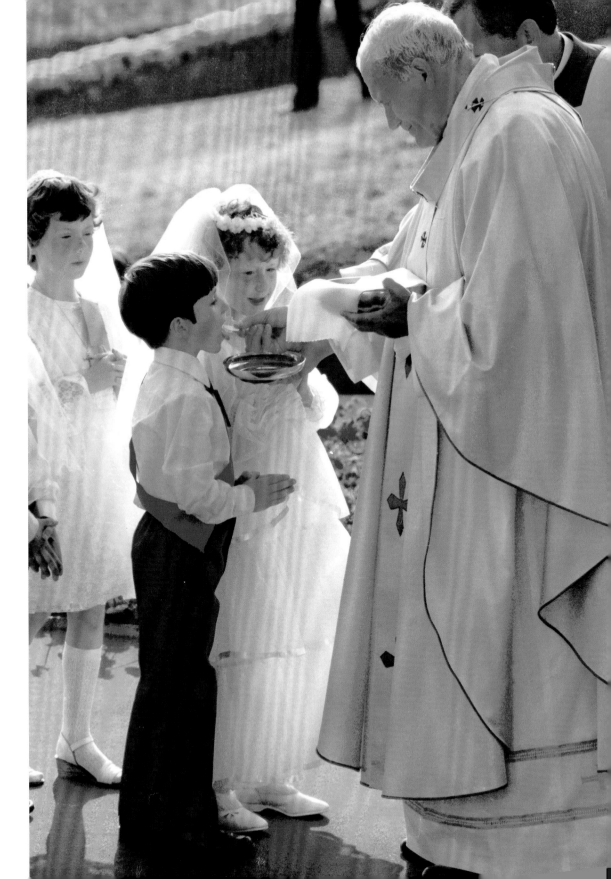

La Familia

ermitidme
entrar en vuestras casas.
Sí, queréis tener al Papa
como huésped
y amigo vuestro,
y darle el consuelo
de ver en vuestros hogares
la unión, el amor familiar
que descansa, tras una jornada de fatiga.

Me hace ver, queridos niños y jóvenes,
que os estáis preparando de manera
seria para el mañana.

Os lo repito,
sois la esperanza del Papa.

No me neguéis el gozo
de veros caminar
por senderos que os conducen
a ser auténticos seguidores del
bien y amigos de Cristo.

No me neguéis la alegría de ver
vuestro sentido de responsabilidad
en los estudios, en las actividades,
en las diversiones.

Estáis llamados a ser portadores
de generosidad y honestidad, a ser
luchadores contra la inmoralidad,
a preparar un mundo más justo
y sano, más feliz.

Palabras ante cien mil familias en Guadalajara, México

En la familia. . . hombre y mujer, padres e hijos, hermanos y hermanas se consideran recíprocamente don de Dios y se transmiten la vida y el amor. En la familia conviven los sanos y los enfermos. Los jóvenes y los ancianos se ayudan. Se trata de colaborar en la solución de los problemas. . . En fin, la familia es también el lugar donde todos pueden experimentar el perdón mutuo, en un clima de amor.

Discurso a la Asociación Familiar Schönstatt, Ciudad del Vaticano

La Escuela

ueridos estudiantes,

Estimad la escuela. Volved a ella con alegría; consideradla un gran don, un derecho fundamental que, ciertamente, implica también deberes. Pensad en tantos coetáneos vuestros que, en muchos países del mundo, carecen de la instrucción más elemental. *El analfabetismo es una plaga, una grave carencia,* que se añade al hambre y a otras miserias. El analfabetismo no sólo guarda relación con un aspecto de la economía o de la política, *sino también con la dignidad misma del ser humano.* El derecho a la educación es el derecho a ser plenamente hombres.

Así pues, os deseo lo mejor, queridos alumnos.

Oración del Ángelus, Castel Gandolfo, Italia

21

Las Vacaciones

Reposa bien el que trabaja bien y, por su parte, el que trabaja bien, debe reposar bien.

¡Disfrutad de vuestras vacaciones!
Pero convertidlas también en un período
de esfuerzo constante y valiente
para haceros mejores.

Haced que vuestro recreo,
vuestra estadía en las montañas
o en la playa,
vuestros viajes,
vuestra alegría desenfadada
siempre estén unidos
al propósito de ser buenos,
en amistad con Jesús en la Eucaristía.

Que os acompañen
mis oraciones y mi bendición.

Aprovechad este período de descanso
para fortalecer también vuestro espíritu.

Intentad, con la ayuda de la gracia divina,
ser siempre buenos, alegres y generosos.

Palabras en la Plaza de San Pedro, Ciudad del Vaticano

23

La Violencia

Hago una llamada a los jóvenes
que pueden ser atrapados
en organizaciones comprometidas en la violencia.

Os digo,
con todo el amor que siento por vosotros,
con toda la confianza que tengo en los jóvenes:
no escuchéis las voces que hablan
el lenguaje del odio,
de la revancha,
de la venganza.

No sigáis a ningún líder
que os lleve por caminos que infligen muerte.

Amad la vida; respetad la vida;
en vosotros mismos y en los demás.

Entregaos al servicio de la vida,
no a la obra de la muerte.

No penséis que la valentía y la fuerza
se prueban matando y destruyendo.

La verdadera valentía está en trabajar por la paz.

Palabras a los niños en Drogheda, Irlanda

24

La Paz

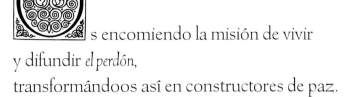

Os encomiendo la misión de vivir
y difundir *el perdón*,
transformándoos así en constructores de paz.

Contemplando el belén, donde está el Niño Jesús
en la paja del pesebre,
podemos comprender fácilmente lo que es el perdón:
es ir al encuentro del que me ha ofendido,
acercarme a él, que se ha alejado de mí.

Dios ha sido fiel con la humanidad pecadora,
hasta el punto de poner
su morada entre nosotros. . .

El Hijo de Dios nos ha amado a nosotros,
que lo hemos ofendido;
y, así, venció el mal con el bien.

Odiar el pecado, pero amar al pecador:
éste es el camino de la paz,
el camino que nos enseña el Señor,
desde el misterio de su Navidad.

Cuando os contemplo, queridos muchachos y muchachas,
pienso que sois como los coetáneos de Jesús joven.

Saludo Navideño a los niños de la Acción Católica, Ciudad del Vaticano

El Sufrimiento

Quiero que todos los niños enfermos de todo el mundo
sepáis que el Papa reza por cada uno de vosotros.
Sabéis cuánto amaba Jesús a los niños y cuánto disfrutaba estar con ellos.
Vosotros también sois muy especiales para Él.
Algunos de vosotros y vuestros amigos habéis sufrido mucho
y sentís el peso de lo que os ha sucedido.
Os quiero animar a que seáis pacientes y permanezcáis junto a Jesús,
que padeció y murió en la Cruz por amor a todos nosotros.

Y por supuesto están vuestras familias y vuestros amigos,
que os quieren mucho y desean que seáis fuertes y valientes.
Me da gusto darles la bendición a todos ellos.

Invito a todos los enfermos a que confíen en Jesús, quien dijo:
"Soy la resurrección y la vida".
Unidos a Él, hasta nuestras penas y nuestros sufrimientos
tienen gran valor para la redención del mundo.
Que la Virgen María, su Madre, os acompañe
y os llene el corazón de alegría.

Palabras a los niños del Hospital Infantil Cardenal Glennon, St. Louis, Missouri, EE.UU.

Mi Primera Comunión

Recuerdo como si fuese hoy mismo cuando, junto con otros muchachos de mi edad, recibí por primera vez la Eucaristía en la Iglesia parroquial de mi pueblo. Es costumbre hacer fotos familiares de este acontecimiento para así no olvidarlo. Por lo general, las personas conservan estas fotografías durante toda su vida.

Con el paso de los años, al hojearlas, se revive la atmósfera de aquellos momentos; se vuelve a la pureza y a la alegría experimentadas en el encuentro con Jesús, que se hizo por amor Redentor del hombre.

Carta del Papa a los niños, Ciudad del Vaticano

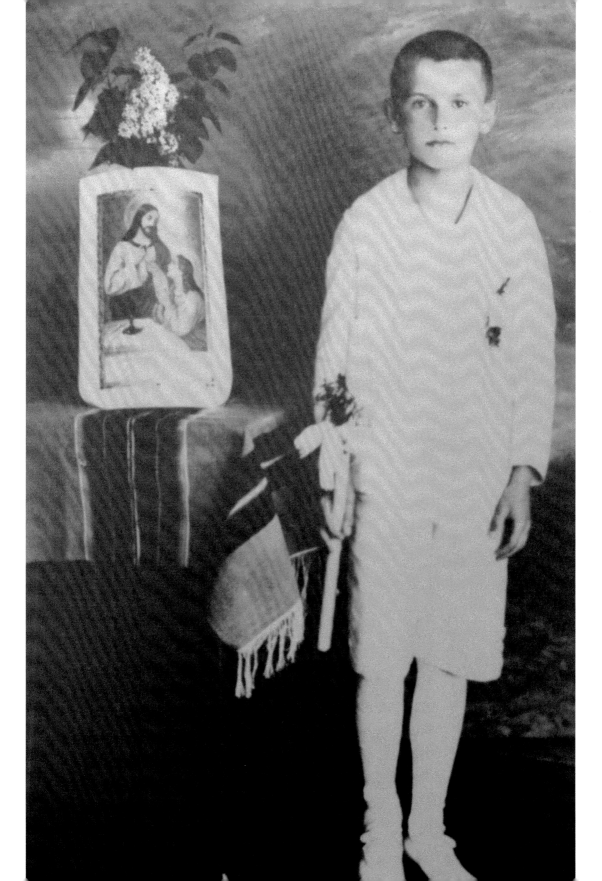

Los Niños del Mundo

ermitidme, queridos chicos y chicas,
que al final de esta Carta recuerde unas palabras de un salmo
que siempre me han emocionado: *¡Laudate pueri Dominum!* ¡Alabad
niños al Señor, alabad el nombre del Señor! Bendito sea el nombre
del Señor, ahora y por siempre. De la salida del sol hasta su ocaso,
¡sea loado el nombre del Señor!

Mientras medito las palabras de este salmo, pasan
delante de mi vista *los rostros de los niños* de todo el mundo:
de oriente a occidente, de norte a sur. A vosotros, mis pequeños
amigos, sin distinción de lengua, raza o nacionalidad, os digo:
¡Alabad el nombre del Señor!

Carta del Papa a los niños, Ciudad del Vaticano

Callaway Editions desea agradecer la colaboración de Ediciones Paulinas, *L'Osservatore Romano*, Greg Burke, Elizabeth Heil y María Morales.

Los textos han sido tomados de la versión oficial en español de los documentos pontificios.
El texto en cursiva aparece así en los documentos pontificios originales.

PIES DE GRABADO

p. 1 México, 1990; p. 2 Ciudad del Vaticano, 1983; p. 5 Polonia, 1987; p. 7 Praga, 1990; p. 8 Roma, 1982; p. 11 México, 1979; p. 12 Pusan (Corea del Sur) 1984; p. 15 Lodz (Polonia) 1987; p. 17 Glasgow (Escocia) 1982; p. 19 Capilla Sixtina (Ciudad del Vaticano) 1997; p. 20 Melbourne (Australia) 1986; pp. 22-23 Lourdes (Francia) 1983; p. 27 Darwin (Australia) 1986; p. 28 El futuro Papa, Karol Wojtyla, a los once años (primera fila, segundo de izquierda a derecha), de monaguillo; p. 29 Karol Wojtyla a los nueve años, el día de su Primera Comunión, en 1929; pp. 30-31 de izquierda a derecha: Ciudad del Vaticano, 1989; Benin, 1993; Quito (Ecuador) 1985; Polonia, 1979; Corea del Sur, 1984; p. 32 Ciudad del Vaticano, 1985; Cubierta: Lyon (Francia) 1986; Cubierta posterior: Ciudad del Vaticano, 1983.

ÍNDICE DE FOTÓGRAFOS

© Maurizio Brambatti/Reuters/Piekna/MaxPPP: p. 19; © Catholic Press Photo: pp. 28-29; © Gianni Giansanti/Sygma: pp. 22-23; © Giancarlo Giuliani/Periodici San Paolo: pp. 30 (derecha), 31 (centro) y cubierta posterior; © François Lochon/Gamma: pp. 12, 31 (izquierda y derecha) y cubierta; © Servizio Fotografico de *L'Osservatore Romano*: pp. 1, 2, 5, 7, 8, 11, 17, 20, 27, 30 (izquierda); © James L. Stanfield/National Geographic Image Collection: pp. 15 y 32.

Información sobre la catalogación de esta publicación en la Biblioteca del Congreso de EE.UU. se encuentra disponible mediante solicitud.
LC # 99-75613
ISBN 0-439-14718-2

Impreso en China por Palace Press International
Primera edición, marzo 2000